사계절

아기방 네 폭 가리개에
봄, 여름, 가을, 겨울이
그림으로 이어져 있다.

계절이란 것도 어쩌면
가리개 그림인지도 몰라.
첫째 장을 보면
꽃그늘에서 아이들이 놀고

둘째 장을 보면
곡식이 무성한 들판에서
농부가 황소와 밭을 갈고

셋째 장을 넘기면
단풍 고운 산과 계곡에
온갖 열매가 탐스럽고

넷째 장을 살펴보면
하얗게 눈 덮인 마을에
실 같은 저녁 연기 오른다.

계절이란 어쩌면
접었다가 펼치는
넉 장 그림인지도 몰라.

이 책을 만들기까지 도움주신 분들

사진작가

- **김수만**
(사)한국자연다큐멘터리 제작자협회 부회장, 한국생태사진가협회 회장. KBS 〈독도 365일〉, EBS 〈물총새 부부의 여름나기〉, MBC 자연 다큐멘터리 〈청호반새의 여름사냥〉, 〈저어새의 꿈〉, 〈현충원에 친구들〉 등 자연다큐멘터리, 영상물 제작사 자연다큐를 운영하고 계십니다.

- **윤순태**
현재 docukorea 대표
한국수달보호협회 경기도지회지회장, 한국자연다큐 제작자협의회 회원
한국어류학회원, 천연기념물 어름치 금강복원 연구원, 멸종위기종 미호종개복원 연구원으로 계십니다.

- **김종기**
현재 들꽃세상(www.flworld.co.kr) 운영자.
식물의 생태를 관찰하여 알려주는 생태 사진 작가로 활동 중이십니다.
인터넷 사이트를 운영하시며 많은 사진 자료를 보급하고 계십니다.

- **조영권**
현재 〈자연과 생태〉 편집장으로 생태 다큐멘터리 작가.
'곤충 세계 대 탐험전'과 '곤충의 신비전' 등 전시회를 열기도 했으며, 자연보호협회의 생태 조사 전문 위원으로 수도권의 곤충 분포 조사를 했고, 환경운동연합과 함께 곤충 탐사 프로그램을 진행했습니다.

- **홍성관**
현재 한국출판사진가협회 회원, BOOM STUDIO 운영.
주) 국민서관 사진팀 근무, 월간 〈자연관 어린이〉, 자연 과학 전집 〈키디사이언스〉 등 많은 작업을 하셨습니다.

- **김병주**
현재 매거진 세상디지털 사진부 실장, 필스튜디오 대표.
서울, 부산 광고전문 스튜디오 근무. 1995년 광고사진전문 스튜디오 오픈, 전 아이러브제주 사진부 실장을 지내셨습니다.

동시 | 김종상
국제펜클럽한국본부 수석부이사장, 한국문인협회 이사, 유석초등학교 교장. 〈서울신문〉 신춘문예 동시 당선으로 작품 활동, 대한민국문학상 본상(동시), 어린이문화대상 본상(동화) 수상하셨고, 저서로는 동시집 〈꽃들은 무슨 생각할까〉, 동화집 〈재주 많은 왕자〉 등 다수가 있습니다.

논술 | 정명숙
국제펜클럽한국본부 회원, 한국아동문학인협회 회원, 유석초등학교 교사. 한국교육신문사 꽁트부문 우수상, 월간수필문학 신인상 당선, 저서로는 〈황금을 쏟아내는 돌사자〉, 〈새교과서 수학동화〉 등 다수가 있습니다.

교정 | 곽선하
서울대학교 생물교육과를 전공하고 창덕여자중학교 교사, 현재 청운중학교 교사로 계십니다.

교정 | 안지혁
서울 초등 교육 35년간 근무.
자연 전공, 서울 경일초등학교에서 어린이들을 가르치셨고 현재 박물관 대학원에 다니십니다.

세밀화 | 김승연
현재 프리랜서 일러스트레이터로 활동하고 계십니다.
소년 소녀 가장돕기 동시화전에 4회 출품하셨으며, 교과서 삽화와 위인전기, 창작동화, 전래동화 등 많은 그림을 그리셨습니다.

세밀화 | 김백송
광고기획실 운영 및 광고 일러스트레이터로 활동하고 계십니다.
작품으로는 테마 위인동화 〈마젤란〉, 〈아인슈타인〉, 〈어린이 팔만대장경〉, 〈원리친구 원리과학〉 등 다수가 있습니다.

부록작가

- **칼라믹스 | 백영희** (한국칼라믹스 중앙협회 부회장)
- **종이접기 | 하진희** (한국 종이접기 목동 교실 원장)
- **생태학교 | 조영권** (〈자연과 생태〉 편집장)
- **도감 | 이종배**

글 | 예종화
아동문학가. 특히 유아대상 자연관찰을 기획·집필하고 계십니다.
주요 경력은 다년간 일본 강담사(講談社) 해외 편집부 근무하셨습니다.
대표적인 자연 과학 기획물은 〈하이디 과학탐구〉 전 80권, 〈신비한 플랑크톤 자연관찰〉 전 30권, 〈애니콜 자연과학탐구〉 전 60권, 〈방글방글 자연방 이야기〉 전 60권, 〈도담도담 자연관찰〉 전 60권, 〈똑똑 자연 톡톡 관찰〉 전 80권 등 많은 자연 과학을 기획·집필 하셨습니다.

글 | 김영이
오랜 동안 중·고등 학생 대상의 참고서 및 문제집 등을 집필·편집해 온 경력을 바탕으로, 지금껏 어린이들을 위한 아동 과학 도서 및 위인전, 동화 등을 집필하고 계십니다.
쓴 책으로는 〈도담도담 자연관찰〉 전 60권, 〈원리친구 과학동화〉 전 64권, 〈그림 삼국유사〉 전 36권, 〈똑똑 자연 톡톡 관찰〉 전 80권, 〈테마 위인동화〉 시리즈 외에 다수가 있습니다.

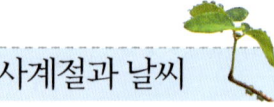

사계절과 날씨

펴낸 이 · 이행순
펴낸 곳 · (주)한국글렌도만
출판등록 · 1996년 1월 25일
주소 · 서울시 종로구 충신동 25-36
공급처 · (주)한국슈타이너
대표 · 조창호
전화 · 02)741-4621
FAX · 02)765-4584
기획총괄 · 예종화
기획주간 · 김영이
편집진행 · 조정희
교정 · 곽선하, 안지혁
디자인 · 강대현, 정세화, 한수지, 박진영, 서영란
　　　　손은숙, 김우형, 권신혜(표지)
사진제공 · 타임스페이스 – Minden picture, photopark / (주)토트랩
　　　　이미지클릭 – NHPA, photo research / 예상해(名品기획)

2007 ⓒ steiner korea

● 잘못 만들어진 책은 바꾸어 드립니다.

ISBN 89-16-03631-3
ISBN 89-16-03576-7(세트)

이 책에 실린 글과 그림 등의 저작권은 (주)한국글렌도만에 있습니다.
본사의 허락없이 이 책에 실린 내용의 일부 또는 전체를 어떤 형태로든 변조하거나 무단 복제하는 것은 법으로 금지되어 있습니다.

테마별 자연 나라, 생태 탐구 자연관찰

76_지구

사계절과 날씨

(주)한국슈타이너

봄

여름

↑ 계절이 바뀌는 것은 지구의 자전축이 기울어져서 공전 주기에 따라 태양열을 받는 양이 바뀌기 때문이에요.

사계절이 있는 우리 나라

우리 나라는 봄·여름·가을·겨울
사계절이 번갈아 돌고 돌아요.
대체 왜 계절은 자꾸만 바뀔까요?
그건 지구가 삐딱하게 기울어진 채
태양의 주위를 돌고 있기 때문이에요.
하지만 적도가 가까운 지역은
변함 없이 늘 여름만 계속된답니다.
태양열을 받는 양이 일 년 내내
똑같이 많기 때문이에요.

가을

겨울

← 우리 나라는 북위 33도에서 43도 사이에 위치하여 4계절의 변화가 뚜렷하게 나타나는 온대 기후 지역에 속해요.

생명이 움트는 봄

우리 나라의 봄은 3월부터 시작돼요.
날씨가 따뜻해져 산과 들의 식물들은
새싹을 틔우고 꽃을 피우기 시작하지요.
겨울잠을 자던 개구리도 깨어나고,
여름 철새들은 돌아와 새끼들을 키우며,
벌 나비들도 꽃을 찾아가 꿀과 꽃가루를
먹고 알을 낳아 자손을 늘려가요.
봄은 생물이 살기에 좋은 계절이지요.

▶ 쇠뜨기는 이른 봄에 들판에서 자라요. 소가 잘 뜯어 먹어서 '쇠뜨기', 붓처럼 생겼다고 '필두엽' 이라고도 불리워요.

▼ 민들레는 겨우내 땅 속 깊이 뿌리를 내리고 있다가 봄이면 노란 꽃을 피우는 야생화예요.

▼ 둥지를 짓고 있는 오목눈이
새들은 날씨가 따뜻해지면 둥지를 짓고 알 낳을 준비를 해요.

↑ 갑자기 휘몰아친 바람 때문에 벚꽃이 눈처럼 떨어졌어요.

과학 이야기
우리 나라 봄 날씨의 특징

봄이면 겨우내 맹위를 떨치던 시베리아 기단의 세력이 약해지면서 이동성 고기압과 저기압이 우리 나라를 자주 통과하면서 날씨 변화가 심해요. 또, 중국의 타클라마칸 사막, 몽골의 고비 사막에서 강한 바람을 타고 높이 올라간 모래 먼지가 편서풍을 타고 우리 나라에까지 날아와서 떨어지는 황사도 자주 발생해요. 황사는 호흡기 질환과 눈병을 일으키고 가축에도 병을 옮기지요.

↑ 봄이면 중국이나 몽골의 사막 지대에서 황사가 날아와 사람과 가축 등에 큰 피해를 주고 있어요.

변덕스러운 봄 날씨

봄에는 남쪽에서 건조하고 따뜻한 바람이 살랑살랑 불어 와요.
하지만 날씨는 심술꾸러기처럼 이랬다 저랬다 자주 변덕을 부리지요.
누런 모래바람이 불어 오는가 하면, 쌩쌩 눈보라가 몰아쳐서 꽃눈을 틔운 꽃봉오리들을 얼어 죽게도 만들어요.

↓ 민들레 씨가 바람에 날려가고 있어요.

기온차가 심한 낮과 밤

봄이면 낮에는 따뜻하다가도
밤이면 기온이 떨어져 으슬으슬 추워요.
그래서 새벽이면 뿌연 안개도 자주 끼고
풀잎에 방울방울 이슬도 잘 맺히지요.
하지만 해가 높이 뜨면 안개도 이슬도
이내 사라지고 말아요.
햇볕이 공기 속에 떠 있는 작은 물방울
알갱이와 풀잎의 이슬 방울을 수증기로
만들어 버리기 때문이에요.

↑ 안개는 낮에 공기 속에 둥둥 떠돌던 수증기가 새벽에 기온이 떨어지자 아주 작은 물방울로 변해서 공중에 떠 있는 것이에요.

↙ 이슬은 봄 가을에 많이 맺히는데, 특히 수증기가 많이 증발하는 호수나 하천 부근에 잘 생겨요.

↑ 이슬은 공기 중의 수증기가 물체에 달라붙어 물방울로 변한 것이에요.

여름은 식물이 일 년 중 가장 왕성하게 자라는 계절이에요. 햇볕이 강하고 비가 많이 와서 광합성이 활발하게 이루어지기 때문이에요. 또, 먹을 것이 많고 습기도 알맞아서 곤충이나 새들이 살기에 좋은 조건을 갖추고 있지요.

더위가 기승을 부리는 여름

여름은 더위가 몹시 기승을 부리는
무더운 계절이에요.
하지만 식물들은 따가운 햇볕 아래
물을 쭉쭉 빨아올려 꽃을 피우고,
나무들은 한층 푸르름이 짙어 가지요.
또, 울창한 숲 속에서는 곤충과
온갖 새들이 저마다 짝을 만나 자손을
늘리느라 한창 바쁜 때이기도 해요.

⬇ 왜가리 둥지의 새끼들
봄에 알을 낳아 부화시킨 새들은
새끼들을 키우느라 바빠요.

⬅ 짝짓기하는 매미

↑ 가뭄이 오래 계속 되면 땅이 갈라지고 농작물은 말라 죽어요.

뜻하지 않은 홍수와 가뭄

여름에는 비가 자주 오고
집중적으로 많이 쏟아지기도 해요.
한꺼번에 쏟아지는 비에 홍수가 나서
도시와 논밭이 물바다가 되기도 하지요.
때로는 오랫동안 비가 내리지 않아
논밭이 쩍쩍 갈라져서 농작물이
타들어 가기도 해요.

↑ 소나기가 내리고 난 직후에 뜨는 무지개는 공중에 남아 있는 물방울에 햇빛이 반사되어 생기는 현상이에요.

잦은 소낙비와 무지개

한여름에는 햇볕이 쨍쨍 내리쬐다가도
소낙비가 좍좍 쏟아지기도 해요.
아침이나 저녁 무렵에 소낙비가 그치고
해가 나오면 하늘에 멋진 무지개가 떠요.
햇빛이 공중에 떠 있는 작은 물방울
속을 통과하면서 빨주노초파남보
예쁜 무지개를 만들어 낸 것이지요.

← 두 개의 무지개가 겹쳐 있는 쌍무지개
쌍무지개는 빛이 물방울 속에서 두 번
굴절·반사되어서 생긴 것이에요.
이 때 바깥쪽 무지개를 2차 무지개라
하는데, 안쪽의 무지개에 비해 색깔이
흐리고 색깔의 방향도 반대로 나타나요.

↑ 번개는 구름과 구름, 구름과 땅 사이에 전기가 흘러서 일어나는 현상이에요.

갑작스러운 기상 변화

여름에는 번개와 벼락도 잘 생겨요.
갑자기 비를 품은 시커먼 먹구름이
몰려와 하늘을 뒤덮으면
한낮에도 밤처럼 캄캄해져요.
그리고는 이내 번개가 '번쩍!'
빛줄기를 뻗는가 싶으면,
잇달아 '우르릉 쾅쾅!' 천둥 소리가
천지를 진동하고 가끔 벼락도 떨어져요.

↑ 번갯불보다 천둥 소리가 나중에 들리는 것은 빛의 속도가 소리보다 빠르기 때문이에요.

찌지직, 꽝!

강한 태양 광선이 내리쬐는 한여름에 흔히 발생하는 소나기구름(적란운)은 천둥, 번개, 벼락을 동반하는 뇌운이에요.

과학 이야기
벼락의 정체

소나기구름은 한여름 강한 태양 광선 때문에 지표의 공기가 더워져서 생기는 심한 상승 기류 때문에 발생해요. 이 때 구름의 위쪽은 양전하, 아래쪽은 음전하를 띠지요.
전기는 양전하와 음전하 사이를 흐르려는 성질이 있는데, 비가 쏟아져 공기의 습도가 높아지면 구름 아래쪽의 전하와 지면의 전하가 서로 통하여 엄청난 전기가 발생하는데, 이것이 바로 '벼락'이에요.

반갑지 않은 손님 태풍

태풍은 여름에만 찾아오는
반갑지 않은 단골 손님이에요.
태풍은 산더미 같은 파도를 일으켜
항해하는 배를 바닷속에 가라앉히고,
비를 내리퍼부어 강물을 넘치게 하며,
여기저기 산사태를 일으키지요.
태풍은 엄청난 비를 몰고 오는
매우 힘세고 난폭한 바람이거든요.

▶ 태풍은 북태평양 남서부에서 발생하여 우리 나라를 포함한 아시아 동부로 불어오는 열대성 폭풍이에요. 바닷가에는 해일이 덮쳐 큰 피해를 가져오기도 해요.

과학 이야기
발생 해역별 태풍의 명칭

열대성 저기압 중에서 중심 최대 풍속이 초속 17m 이상 되는 폭풍우를 '태풍'이라 불러요. 일 년에 발생하는 열대성 저기압은 평균 80개 정도인데, 발생하는 해역에 따라 명칭이 달라요. 북태평양 남서 해상에서 발생하는 것을 '태풍', 북대서양·카리브해·멕시코만·동부 태평양에서 발생하는 것을 '허리케인', 인도양과 호주 부근 남태평양에서 발생하는 것은 '사이클론'이라 불러요.

◀ 태풍의 눈 – 주변이 두껍고 높은 구름으로 뒤덮여 있음에도 중심 부분은 바람도 없고 맑아요.

▶ 태풍으로 망가진 배들
태풍은 폭풍과 비를 함께 몰고 오기 때문에 엄청난 피해를 남겨요.

↑ 가을이 오면 식물들은 열매를 익게 하고 씨를 여물게 해요.

날씨가 서늘해지는 가을

가을이 오면 낮의 길이도 짧아지고
기온도 한결 서늘해져요.
그러면 텃새들은 추운 겨울에 대비해
열심히 먹어서 토실토실 살을 찌우고,
곤충들은 알을 낳아 겨울잠을 재우지요.
또, 들판의 벼들은 누렇게 익어 가고,
여름내 초록빛을 뽐내던 나뭇잎들은
울긋불긋 단풍잎으로 갈아입어요.

낮이 짧아지고 기온이 떨어지면 잎 속의 엽록소가 파괴되고 대신 안토시안, 카로티노이드, 타닌 물질이 작용하여 초록 잎을 붉은색 노란색, 갈색으로 물들여요.

높고 푸른 가을 하늘

가을 하늘은 유난히 높고 푸르러요.
마치 푸른 물감을 칠해 놓은 것 같지요.
비도 적고 습도가 낮아서
빛이 한결 더 잘 산란되기 때문이에요.
높고 푸른 하늘에 하얀 솜뭉치처럼
뭉게뭉게 뭉게구름도 잇달아 피어오르고,
양들이 무리를 지어 걸어가는 듯
몽실몽실 덩어리진 양떼구름도 흘러가요.

⬆ 뭉게구름은 위쪽은 둥그스름하고 희며, 아랫면은 거의 수평이고 검어요. 비를 내리지 않는 것이 보통이며 비가 오더라도 양이 적어요.

구름은 작은 물방울이나 얼음 알갱이들의 모임이에요.

↑ 쎈비구름은 적란운이라고도 부르는데, 흔히 소나기·우박·번개·천둥·돌풍 등을 몰고 다녀요.

↑ 새털구름은 날씨가 맑았다가 흐려지기 시작할 즈음에 나타나요.

↑ 양떼구름은 회색 또는 엷은 회색의 큰 구름덩어리로 양들이 무리지어 이동하는 것 같아요.

⬆ 서리의 결정체예요.

▼ **지표로 부풀어오른 서릿발**
기온이 영하로 떨어지면 지표의 수분이 어는데, 이 때 땅 밑의 수분도 함께 빨려 올라오면서 가늘고 긴 얼음 기둥인 서릿발이 생겨요.

서리가 내리는 늦가을

늦가을이 되면 서리가 하얗게 내려요.
서리는 겨울이 가까워졌다는 신호예요.
눈처럼 하얀 서리가 내리면
들판의 풀이나 채소는 얼어 버려요.
흙도 얼어서 서릿발이 불쑥불쑥 치솟고,
아침이면 유리창에 성에가 하얗게
그림을 그려 놓지요.

▲ 유리창에 낀 성에 결정체
기온이 영하로 내려가 유리창이나 벽에 수증기가 허옇게 얼어붙은 것이에요.

▼ 서리는 지면의 온도가 0℃ 이하일 때, 공기 중의 수증기가 땅 표면이나 물체에 닿아 생긴 작은 얼음 알갱이에요.

춥고 눈 내리는 겨울

겨울은 일 년 중 가장 추운 계절이에요.
북쪽에서 쌩쌩 찬바람이 불어 오면
나무들은 앙상한 가지만 남은 채 떨고 있어요.
곤충들은 추위를 피해 따뜻한 낙엽 밑이나
나무 구멍으로 들어가 겨울잠을 자고,
일부는 알이나 번데기가 되어 겨울을 지내요.
하지만 동백나무처럼 푸른 잎을 달고
겨울에도 예쁜 꽃을 피우는 나무도 있어요.

↑ 알집 속에 들어 있는 사마귀 알은 봄이 오면 부화되어 나와요.

← 동백나무는 가죽처럼 윤이 나는 두꺼운 잎을 달고 겨울에 꽃을 피우는 늘푸른나무예요.

↑ 나무들은 겨울이면 수분 증발을 막기 위해 나뭇잎을 떨어뜨리고 봄이 올 때까지 자람을 멈추고 휴식에 들어가요.

← 무당벌레는 기온이 떨어지면 따뜻한 나무 속이나 낙엽 밑으로 기어들어가 겨울잠을 자요.

↑ 얼음 낚시를 하는 사람들
겨울에는 시베리아에서 차갑고 건조한 바람이 불어 와서 눈이 자주 내리고 얼음도 얼어요.

겨울은 꽁꽁 얼음 세상

겨울은 꽁꽁 얼음 세상이에요.
지붕 위의 눈이 햇볕에 녹아 흘러도
이내 고드름이 되어 매달리지요.
졸졸 흐르던 시냇물도 꽁꽁 얼어붙고,
강물도 꽁꽁 얼어 얼음판으로 변해요.
그러면 사람들은 얼음 낚시를 즐기고
얼음 위에서 스케이트나 썰매를 타지만
변온 동물들은 쿨쿨 겨울잠을 자요.

↓ 개구리, 두더지, 뱀 같은 변온 동물들은 겨울이면 땅 속에 들어가 겨울잠을 자요.

→ 눈 녹은 물이 나뭇가지에 얼음꽃을 피웠어요.

↑ 햇볕에 녹은 물이 흘러내리다 고드름이 되어 공중에 기다란 꼬챙이처럼 매달려 있어요.

↑ 눈은 대기 중의 수증기가 찬 기운을 만나 얼어서 하늘에서 땅으로 떨어지는 하얀 얼음 알갱이예요.

겨울은 하얀 눈 세상

추운 겨울이면 하얀 눈이 펄펄 내려요.
눈이 오면 눈사람도 만들고 눈싸움도 해요.
그런데 겨울은 왜 춥고 밤은 길까요?
지구는 삐딱하게 기울어진 채로 태양의
둘레를 정해진 길을 따라서 돌고 있어요.
그런데 겨울에는 태양이 지구의 남반구를
비추고 있거든요. 그래서 태양열이 조금밖에
전달돼 오지 않기 때문이랍니다.(★)

◀ 여러 가지 모양의 눈 결정체
현미경으로 관찰해 본 눈의 모습은
맑고 투명한 6각형이에요.

돌고 도는 계절의 변화

계절의 변화가 생기는 까닭

계절의 변화가 일어나는 까닭은 지구의 공전 때문입니다. 즉 지구는 자전축이 23.5도 기울어져 있는 상태로 하루에 한 번씩 자전을 하면서 태양의 둘레를 돌고 있습니다. 이렇게 지구가 태양의 둘레를 도는 것을 '공전'이라 합니다. 이에 따라 남중고도가 변하고 태양열을 받는 양이 달라지게 되고 계절이 변하는 것입니다. 우리 나라에서 태양 고도가 가장 높은 때는 하지이고, 태양 고도가 가장 낮은 때는 동지입니다.

그런데 이러한 계절의 변화가 어느 지역에나 똑같이 나타나는 것은 아닙니다. 계절의 변화는 우리 나라처럼 지구상에서 온대와 냉대에 걸친 중위도에 위치한 지역에서만 나타납니다.

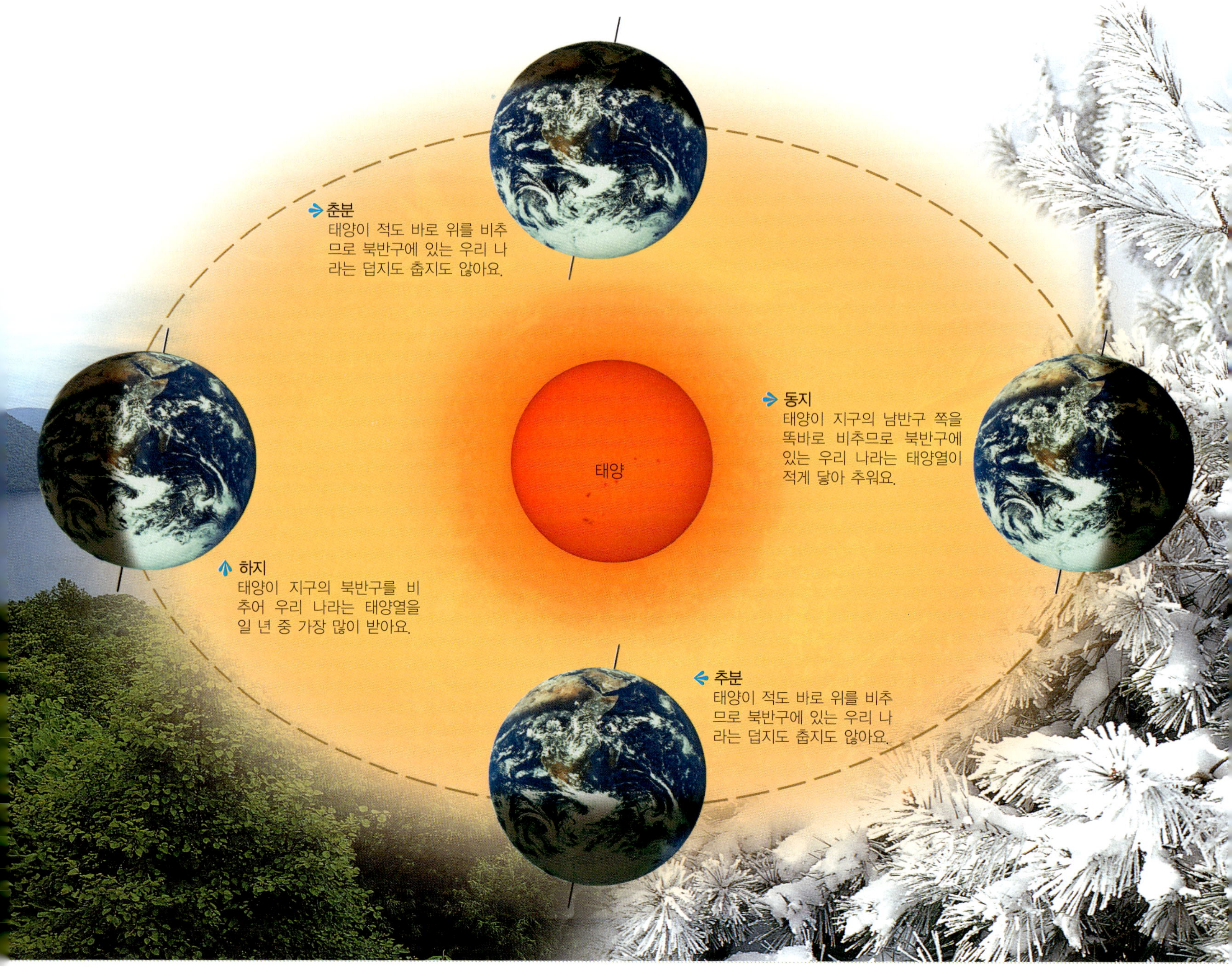

> **춘분**
> 태양이 적도 바로 위를 비추므로 북반구에 있는 우리 나라는 덥지도 춥지도 않아요.

> **동지**
> 태양이 지구의 남반구 쪽을 똑바로 비추므로 북반구에 있는 우리 나라는 태양열이 적게 닿아 추워요.

> **하지**
> 태양이 지구의 북반구를 비추어 우리 나라는 태양열을 일 년 중 가장 많이 받아요.

> **추분**
> 태양이 적도 바로 위를 비추므로 북반구에 있는 우리 나라는 덥지도 춥지도 않아요.

태양

과학 3-1의 5단원 '날씨와 우리 생활', 6-2의 4단원 '계절의 변화'와 관련하여 계절의 변화에 따른 날씨의 특징과 생활의 변화에 대해 알아봅니다.

4계절 속의 24절기

농경 생활을 하던 우리 조상들은 24절기에 맞추어 농사를 짓고, 관혼상제를 치를 때에도 절기를 많이 따졌습니다.

절기란 1년을 태양의 각도에 맞추어 계절을 24등분해서 구별한 것입니다. 다시 말하면, 춘분점(태양이 남쪽에서 북쪽으로 향해 적도를 통과하는 점)으로부터 태양이 움직이는 길인 황도를 따라 동쪽으로 15도 간격으로 나누어 24점을 정했을 때, 태양이 각 점을 지나는 시기를 말합니다. 따라서 봄·여름·가을·겨울 계절마다 6개의 절기가 있습니다.

절기 사이의 간격은 대개 15일이지만, 경우에 따라 14일이나 16일이 되기도 합니다. 그 까닭은 지구가 태양의 주위를 도는 공전 궤도가 타원형이어서 도는 데 걸리는 시간에 약간의 차이가 있기 때문입니다.

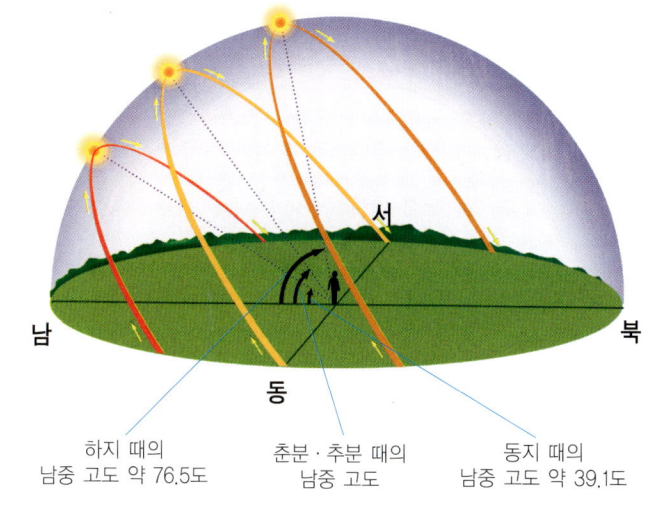

하지 때의 남중 고도 약 76.5도
춘분·추분 때의 남중 고도
동지 때의 남중 고도 약 39.1도

계절	절기	특징
봄	입춘(양력 2월 4일경)	절기가 봄에 들어섰다는 뜻임
	우수(양력 2월 19일경)	생물을 소생시키는 봄비가 내리기 시작함
	경칩(양력 3월 6일경)	개구리가 겨울잠에서 깸
	춘분(양력 3월 21일경)	낮과 밤의 길이가 같아짐
	청명(양력 4월 5~6일경)	맑은 봄 날씨가 시작되어 농사 준비를 함
	곡우(양력 4월 20일경)	곡식이 자라기에 좋은 비가 내림
여름	입하(양력 5월 5~6일경)	여름이 시작됨
	소만(양력 5월 21일경)	밀 보리가 여물기 시작하는 때임
	망종(양력 6월 6~7일경)	보리는 익어 추수하고 모를 심게 됨
	하지(양력 6월 21일경)	연중 낮의 길이가 가장 긴 날임
	소서(양력 7월 7~8일경)	여름 더위가 시작됨
	대서(양력 7월 23일경)	더위가 가장 심한 여름의 막바지임
가을	입추(양력 8월 6~9일경)	가을이 시작되는 시기라는 뜻임
	처서(양력 8월 23일경)	더위가 가시기 시작하는 시기임
	백로(양력 9월 9일경)	이슬이 내리고 가을 기운이 스며드는 시기임
	추분(양력 9월 23일경)	일 년 중 밤과 낮의 길이가 똑같은 시기임
	한로(양력 10월 8일경)	찬 이슬이 내리기 시작하는 시기임
	상강(양력 10월 23일경)	서리가 내리기 시작하는 시기임
겨울	입동(양력 11월 7~8일경)	겨울이 시작되는 시기라는 뜻임
	소설(양력 11월 23~24일경)	눈이 내리기 시작하는 시기임
	대설(양력 12월 7~8일경)	눈이 가장 많이 내린다는 시기임
	동지(양력 12월 22일경)	일 년 중 가장 밤이 긴 시기임
	소한(양력 1월 5일경)	겨울 추위가 시작되는 시기임
	대한(양력 1월 20일경)	일 년 중 가장 추위가 매서운 시기임

봄

여름

가을

겨울

🌏 과학 3-1의 5단원 '날씨와 우리 생활', 6-2의 4단원 '계절의 변화'와 관련하여 계절의 변화에 따른 날씨의 특징과 생활의 변화에 대해 알아봅니다.

올빼미 자연관찰 통합교과형
서술 및 논술형 문제 익히기

*〈올빼미 자연 관찰〉을 통해 익힌 동식물의 생태와 자연 현상을 문제를 풀어 재확인함으로써 사고력·논리력·창의력의 성장은 물론 통합교과형 논술에도 강한 어린이가 될 것이다.

 **기본형 문제 1**

다음의 그림은 계절에 따른 자연 현상을 나타낸 것이에요. 어느 계절과 관계가 깊은지 계절 이름을 쓰세요.

　　　(1)　　　　　　　　(2)　　　　　　　　(3)　　　　　　　　(4)

 **기본형 문제 2**

봄, 여름, 가을, 겨울이 계속 돌아가며 바뀌는 까닭은 무엇 때문일까요?

① 지구가 하루에 한 번씩 돌기 때문이에요.
② 해가 떠 있는 시간이 늘었다 줄었다 하기 때문이에요.
③ 지구가 삐딱한 자세로 태양의 둘레를 돌기 때문이에요.
④ 지구가 태양과 멀리 떨어져 있기 때문이에요.
⑤ 태양이 지구의 둘레를 매일 돌고 있기 때문이에요.

 **기본형 문제 3**

다음에서 말하고 있는 '나'는 누구일까요? 내 이름을 알아맞혀 보세요.

- 나는 아주 작은 물방울이에요.
- 공기 속을 둥둥 떠다니다 해가 뜨면 수증기가 되어 사라져 버리지요.
- 특히 봄이나 가을에 호수나 강이 흐르는 곳에 잘 생겨요.

① 구름　　② 안개　　③ 비　　④ 이슬　　⑤ 성에